Impressum
Verlag: BABADADA GmbH, Nedderfeld 112 , 22529 Hamburg
Geschäftsführer / Verlagsleitung: Harald Hof
Druck: Books on Demand GmbH, In de Tarpen 42, 22848 Norderstedt

Imprint
Publisher: BABADADA GmbH, Nedderfeld 112 , 22529 Hamburg, Germany
Managing Director / Publishing direction: Harald Hof
Print: Books on Demand GmbH, In de Tarpen 42, 22848 Norderstedt, Germany

škola

škola

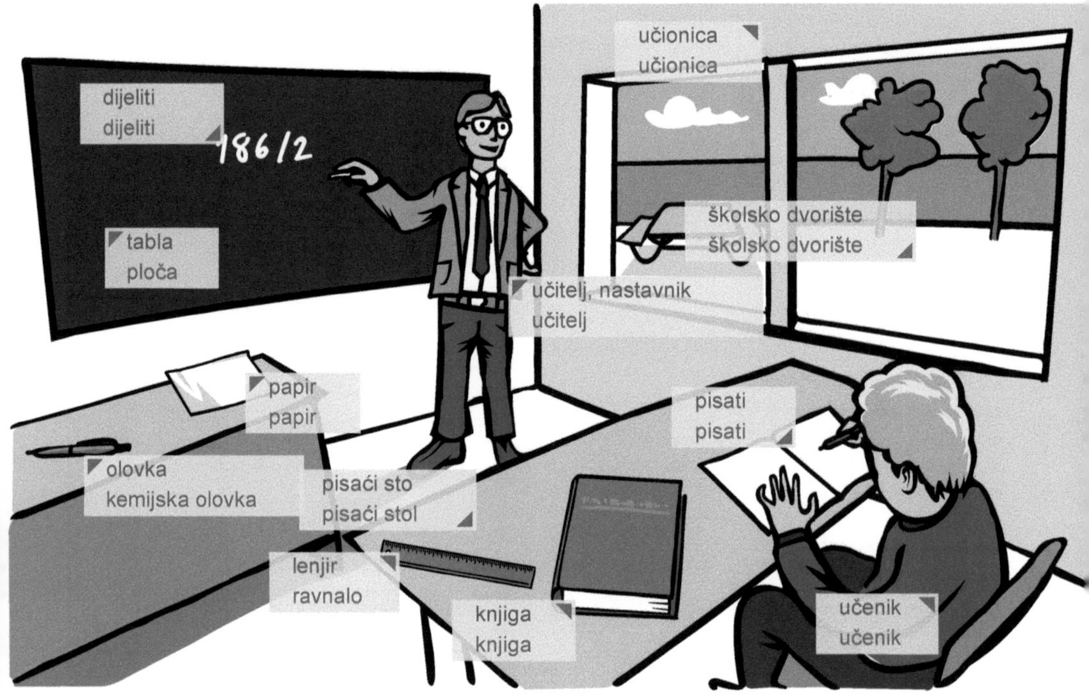
učionica
učionica
dijeliti
dijeliti
186/2
tabla
ploča
školsko dvorište
školsko dvorište
učitelj, nastavnik
učitelj
papir
papir
pisati
pisati
olovka
kemijska olovka
pisaći sto
pisaći stol
lenjir
ravnalo
knjiga
knjiga
učenik
učenik

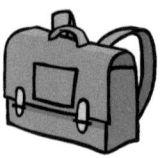

torba
torba

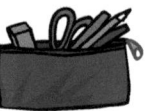

pernica
pernica

drvena olovka
grafitna olovka

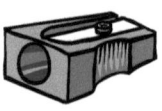

šiljalo za olovke
šiljilo za olovke

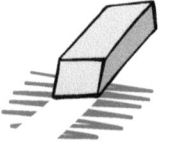

gumica
gumica za brisanje

blok za crtanje
blok za crtanje

crtež
·········
crtež

kist
·········
kist

kutija s bojama
·········
kutija s bojama

makaze
·········
makaze

ljepilo
·········
ljepilo

vježbanka
·········
bilježnica

domaća zadaća
·········
domaći zadatak

broj
·········
broj

sabirati
·········
sabirati

oduzimati
·········
oduzimati

množiti
·········
množiti

računati
·········
računati

slovo
·········
slovo

abeceda
·········
abeceda

riječ
·········
riječ

tekst

tekst

čitati

čitati

kreda

kreda

sat

sat

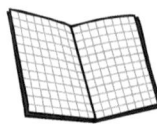

školski dnevnik

dnevnik

ispit

ispit

svjedočanstvo

svjedodžba

školska uniforma

školska uniforma

izobrazba

obrazovanje

leksikon

leksikon

univerzitet

sveučilište

mikroskop

mikroskop

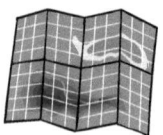

karta

karta

korpa za papir

košara za papir

hotel
hotel

hostel
prenoćište

ROOMS

EXCHANGE

mjenjačnica
mjenjačnica

kofer
kofer

auto
auto

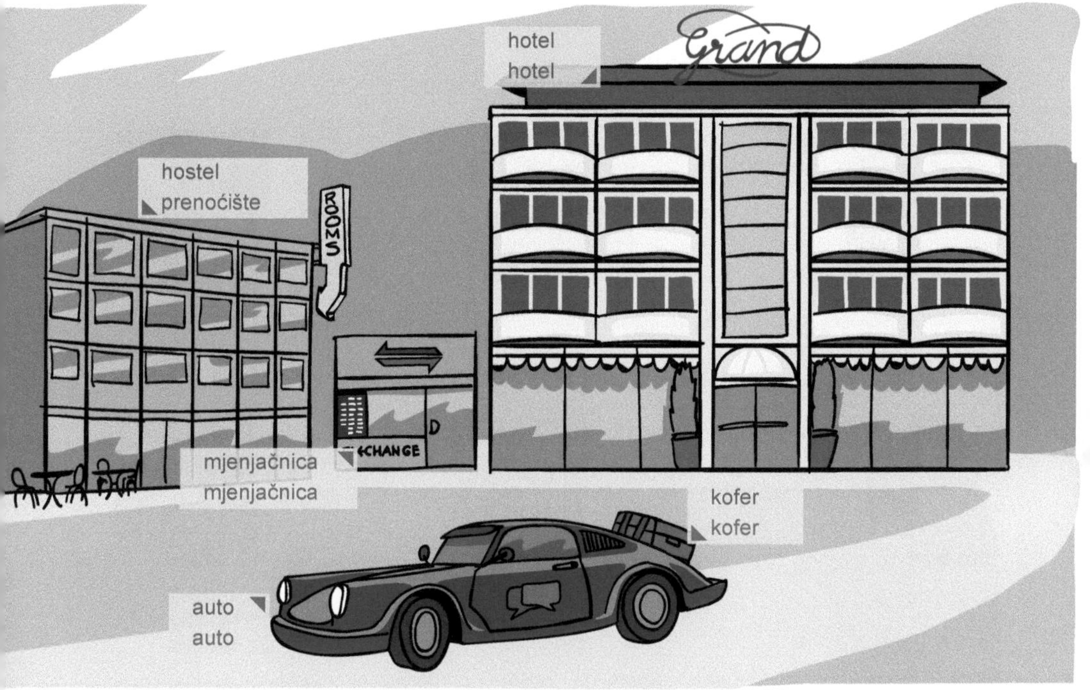

jezik
jezik

da / ne
da / ne

okej
okay

zdravo
zdravo

tumač
prevoditelj

hvala
hvala

Koliko košta...?

Koliko košta...?

Ne razumijem

ne razumijem

problem

problem

dobro veče!

dobro veče!

Dobro jutro!

Dobro jutro!

Laku noć!

Laku noć!

doviđenja

doviđenja

smjer

smjer

prtljag

prtljaga

torba

torba

ruksak

ruksak

gost

gost

soba

soba

vreća za spavanje

vreća za spavanje

šator

šator

turističke informacije
turističke informacije

plaža
plaža

kreditna kartica
kreditna kartica

doručak
doručak

ručak
ručak

večera
večera

putna karta
karta za vožnju

lift
dizalo

poštanska markica
poštanska markica

granica
granica

carina
carina

ambasada
ambasada

viza
viza

pasoš
putovnica

transport

transport

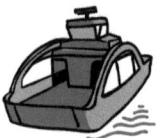

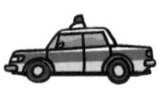

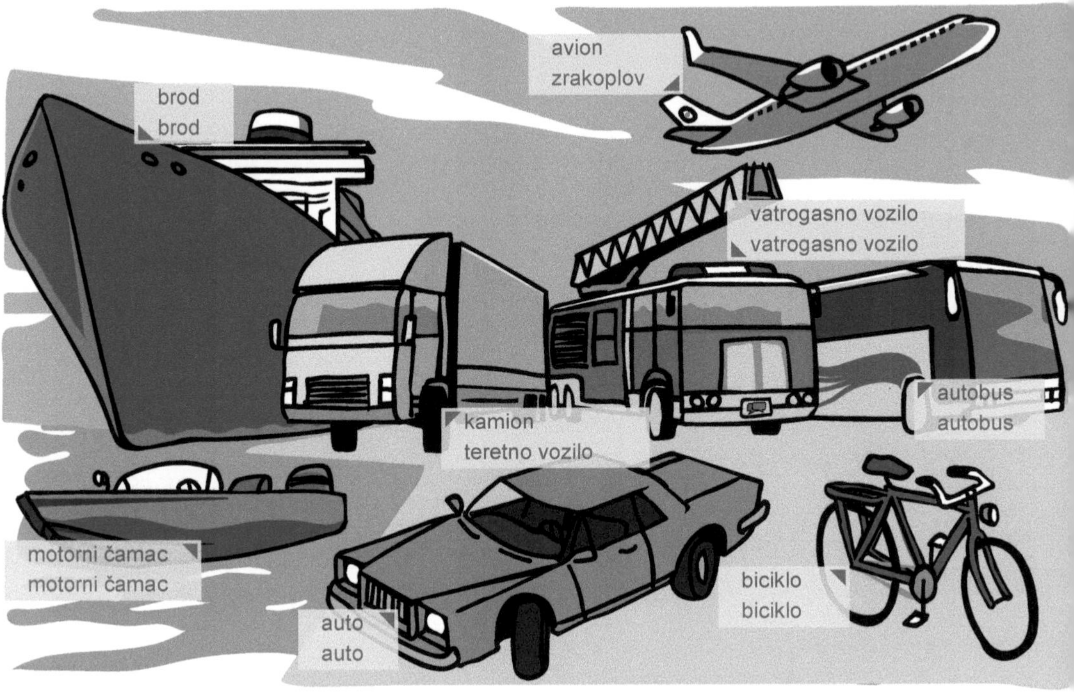

avion
zrakoplov
brod
brod
vatrogasno vozilo
vatrogasno vozilo
kamion
teretno vozilo
autobus
autobus
motorni čamac
motorni čamac
biciklo
biciklo
auto
auto

trajekt

trajekt

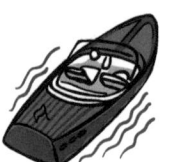

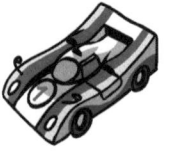

brod

čamac

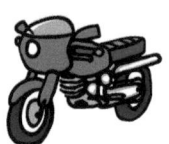

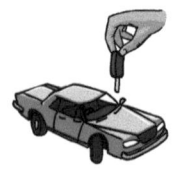

motocikl

motocikl

policijski automobil

policijski auto

trkaći automobil

trkaći auto

unajmljeni automobil

iznajmljeno auto

kar-šering

dijeljenje automobila

pauk

vučno vozilo

smećarsko vozilo

vozilo za odvoz smeća

motor

motor

gorivo

benzin

benzinska pumpa

benzinska postaja

saobraćajni znak

prometni znak

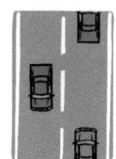

saobraćaj

promet

zastoj

zastoj

parking

parkiralište

željeznička stanica

kolodvor

šine

šine

voz

vlak

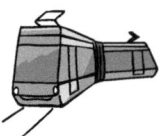

tramvaj

tramvaj

vagon

vagon

helikopter

helikopter

aerodrom

zrakoplovna luka

toranj

toranj

putnik

putnik

kontejner

kontejner

karton

karton

tačke

kolica

korpa

košara

poletjeti / sletjeti

uzletjeti / sletjeti

grad
grad

selo

selo

centar grada

centar grada

kuća

kuća

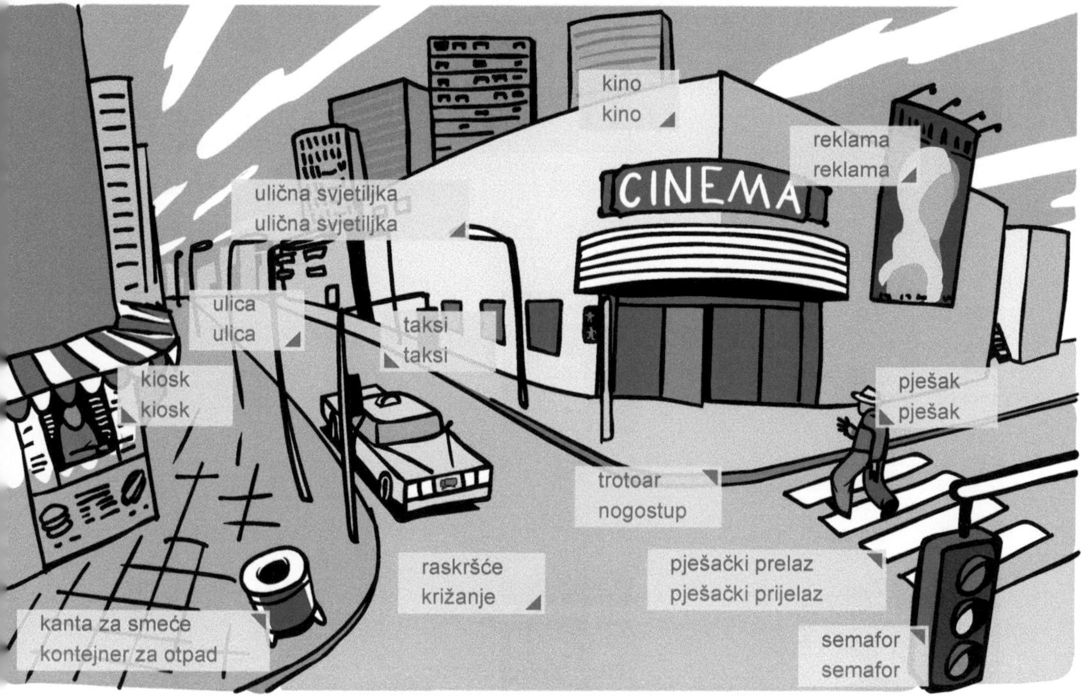
kino
kino
reklama
reklama
CINEMA
ulična svjetiljka
ulična svjetiljka
ulica
ulica
taksi
taksi
kiosk
kiosk
pješak
pješak
trotoar
nogostup
raskršće
križanje
pješački prelaz
pješački prijelaz
kanta za smeće
kontejner za otpad
semafor
semafor

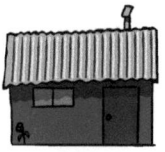

koliba
koliba

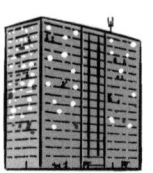

stan
stan

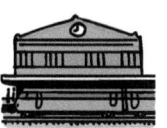

željeznička stanica
kolodvor

vjećnica
vijećnica

MUSEUM

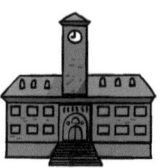

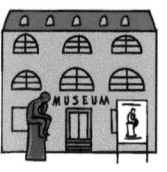

muzej
muzej

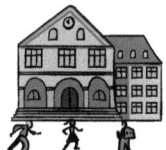

škola
škola

univerzitet

sveučilište

banka

banka

bolnica

bolnica

hotel

hotel

apoteka

ljekarna

ured

ured

knjižara

knjižara

radnja

prodavaonica

cvjećara

cvjećara

supermarket

supermarket

pijaca

trg

robna kuća

robna kuća

prodavač ribe

ribarnica

trgovački centar

trgovački centar

luka

luka

park

park

klupa

klupa

most

most

stepenice

stepenice

podzemna željeznica

podzemna željeznica

tunel

tunel

autobuska stanica

autobusna stanica

bar

bar

restoran

restoran

poštanski sandučić

poštansko sanduče

saobraćajni znak

ulični znak

sat za naplatu parkinga

parkirni sat

zološki vrt

zoološki vrt

bazen

bazen

džamija

džamija

seosko imanje

seosko gazdinstvo

zagađenje okoline

zagađenje okoliša

groblje

groblje

crkva

crkva

igralište

igralište

hram

hram

krajolik

krajolik

list
list

putokaz
putokaz

putokaz
put

livada
livada

kamen
kamen

drvo
drvo

putnik
šetač

rijeka
rijeka

trava
trava

cvijet
cvijet

dolina

dolina

brdo

planina

jezero

jezero

šuma

šuma

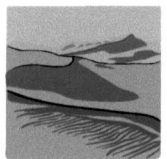

pustinja

pustinja

vulkan

vulkan

dvorac

dvorac

duga

duga

gljiva

gljiva

palma

palma

komarac

moskito

muha

muha

mrav

mrav

pčela

pčela

pauk

pauk

buba
buba

žaba
žaba

vjeverica
vjeverica

jež
jež

zec
zec

sova
sova

ptica
ptica

labud
labud

divlja svinja
divlja svinja

jelen
jelen

los
los

brana
nasip

vjetrenjača
vjetrenjača

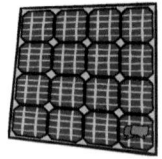

solarni modul
solarna ploča

klima
klima

restoran
restoran

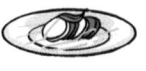

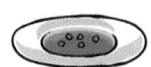

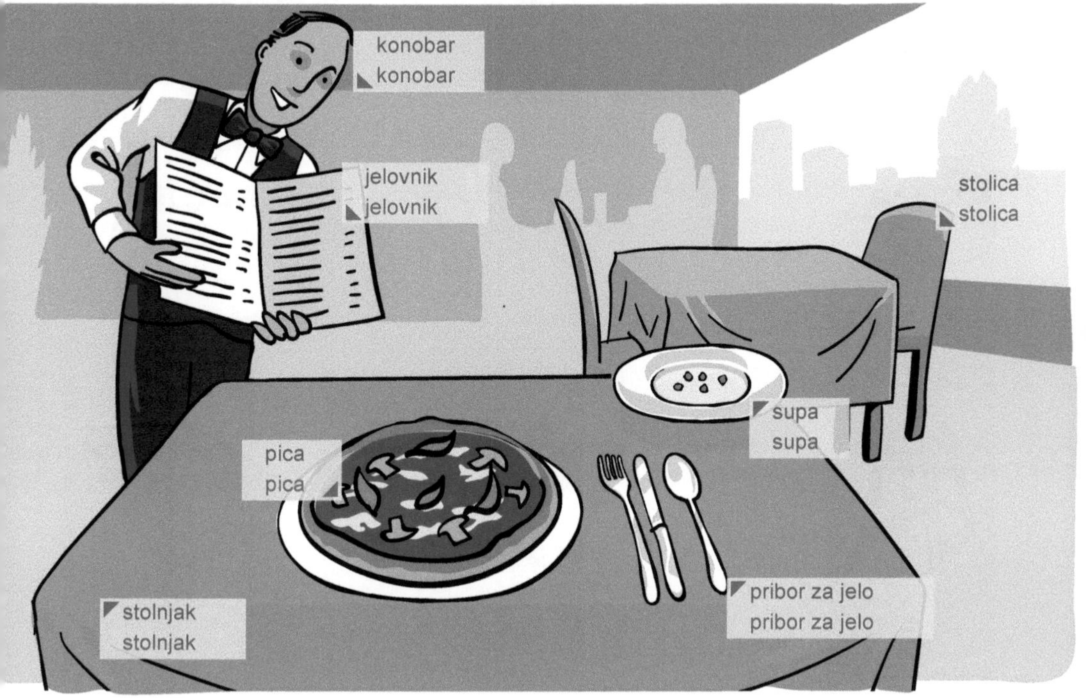
konobar
konobar
jelovnik
jelovnik
stolica
stolica
supa
supa
pica
pica
pribor za jelo
pribor za jelo
stolnjak
stolnjak

predjelo
predjelo

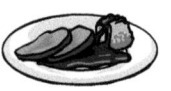

glavno jelo
glavno jelo

desert
desert

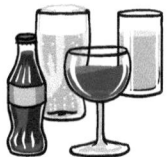

piće
napitci

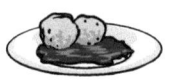

jelo
jelo

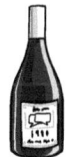

flaša
boca

brza hrana
....
fastfood

jelo sa ulice
....
imbis hrana

čajnik
....
čajnik

šećernica
....
doza za šećer

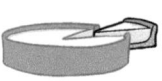

porcija
....
porcija

mašina za espreso
....
aparat za espresso

barska stolica
....
visoka stolica

račun
....
račun

tacna
....
pladanj

nož
....
nož

viljuška
....
vilica

kašika
....
žlica

kašičica
....
čajna žlica

salveta
....
ubrus

čaša
....
čaša

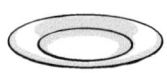

tanjir
tanjur

tanjir za supu
tanjur za supu

tanjurić
tanjurić

sos
sos

solanik
soljenka

mlin za biber
mlin za biber

sirće
ocat

ulje
ulje

začini
začini

kečap
kečap

senf
senf

majoneza
majoneza

supermarket
supermarket

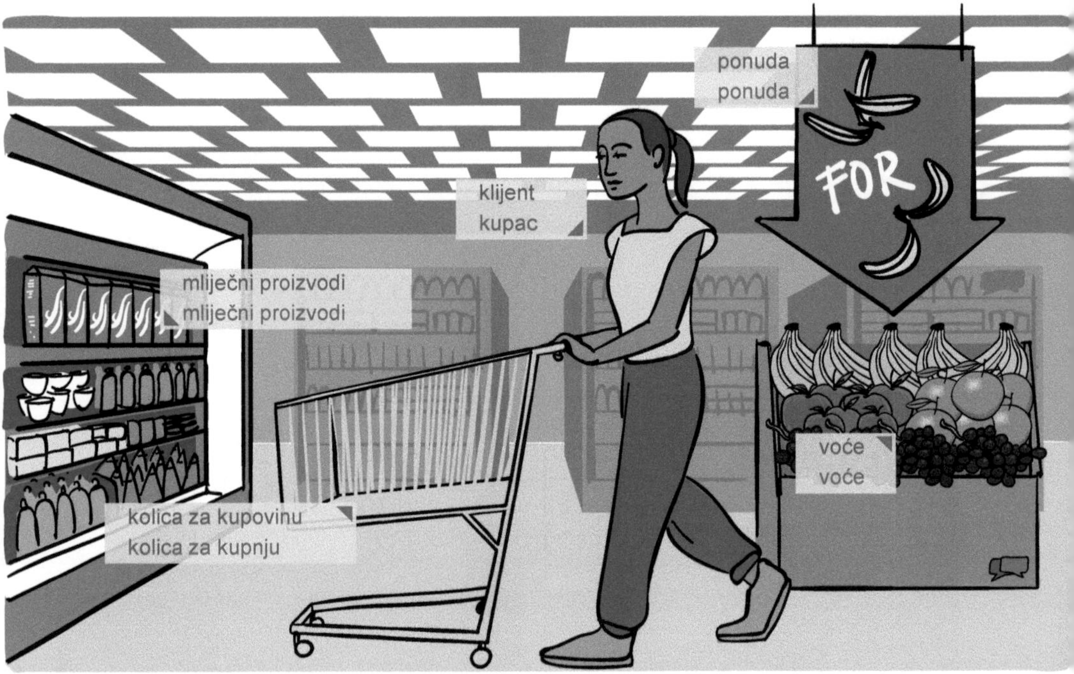
ponuda
ponuda
FOR
klijent
kupac
mliječni proizvodi
mliječni proizvodi
voće
voće
kolica za kupovinu
kolica za kupnju

BUTCHERS

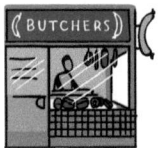

mesnica- klaonica

mesnica

BAKERY

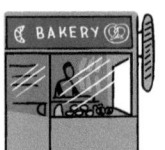

pekara

pekarnica

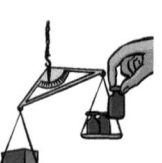

vagati

vagati

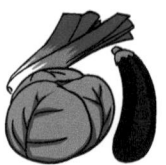

povrće

povrće

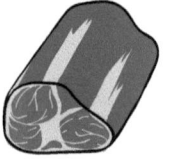

meso

meso

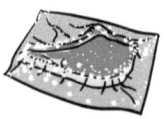

zaleđena hrana

duboko smrznuta hrana

narezak
narezak

konzerve
konzerve

prašak za veš
sredstvo za pranje

slatkiši
slatkiši

kućanski proizvodi
artikli za domaćinstvo

sredstvo za čišćenje
sredstva za čišćenje

prodavačica
prodavačica

kasa
blagajna

blagajnik
blagajnik

lista za kupovinu
lista za kupnju

radno vrijeme
vrijeme rada

novčanik
novčanik

kreditna kartica
kreditna kartica

torba
torba

najlonska vrećica
plastična vrećica

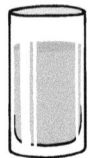

voda
voda

sok
sok

mlijeko
mlijeko

kola
cola

vino
vino

pivo
pivo

alkohol
alkohol

kakao
kakao

čaj
čaj

kafa
kava

espreso
espresso

kapućino
cappuccino

banana

banana

jabuka

jabuka

narandža

naranča

lubenica

lubenica

limun

limun

mrkva

mrkva

bijeli luk

češnjak

bambus

bambus

crveni luk

luk

gljiva

gljiva

orašasti plodovi

orašasti plodovi

pasta

rezanci

špagete

špagete

riža

riža

salata

salata

pomfrit

pomfrit

pečeni krompir

pečeni krumpir

pica

pica

hamburger

hamburger

sendvič

sendvič

šnicla

šnicla

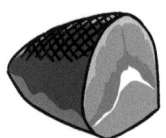

šunka

pršut

kobasica

salama

kobasica

kobasica

kokoš

kokoš

pečenje

pečenje

riba

riba

zobene pahuljice

zobene pahuljice

muzli

musli

kornfleks

kukuruzne pahuljice

brašno

brašno

kroason

roščić

zemičke

pecivo

kruh

kruh

tost

toast

keksi

keksi

maslac

maslac

svježi sir

svježi sir

kolač

kolač

jaje

jaje

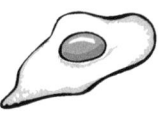

jaje na oko

jaje na oko

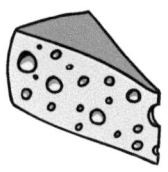

sir

sir

sladoled
sladoled

šećer
šećer

med
med

marmelada
marmelada

nugat krema
nugat krema

kuri
curry

seosko imanje
seosko gazdinstvo

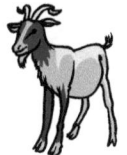

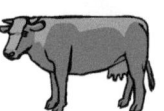

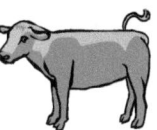

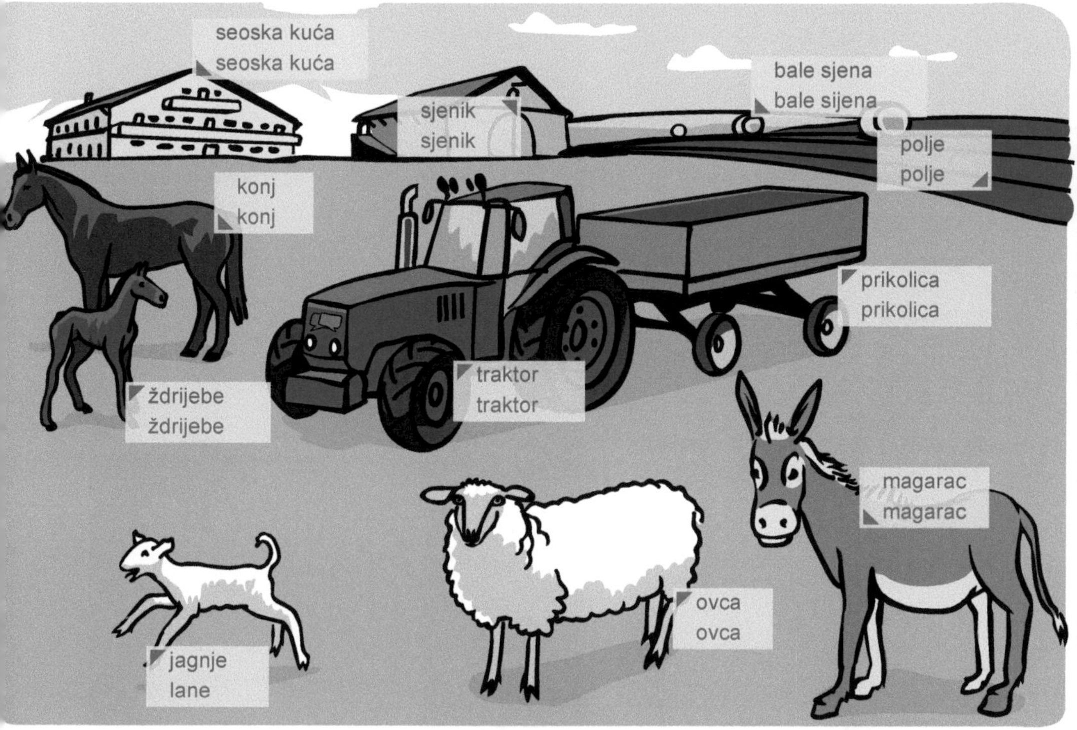
seoska kuća
seoska kuća
sjenik
sjenik
bale sjena
bale sijena
polje
polje
konj
konj
prikolica
prikolica
ždrijebe
ždrijebe
traktor
traktor
magarac
magarac
ovca
ovca
jagnje
lane

koza
koza

krava
krava

tele
tele

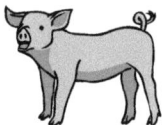

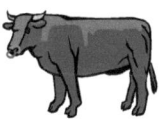

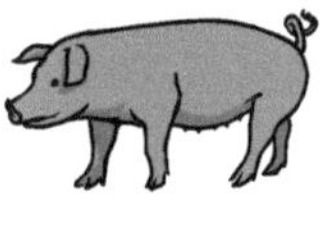

svinja
svinja

prase
prase

bik
bik

guska

guska

patka

patka

pile

pilići

kokoška

kokoš

pjetao

pijetao

pacov

pacov

mačka

mačka

miš

miš

vol

vol

pas

pas

pseća kućica

kućica za psa

crijevo za baštu

vrtno crijevo

kanta za zalijevanje

kanta za polijevanje

kosa

kosa

plug

plug

srp

srp

motika

motika

vile

vilica za gnojivo

sjekira

sjekira

tačke

tačke

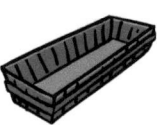

korito

korito

bokal za mlijeko

posuda za mlijeko

vreća

vreća

ograda

ograda

štala

štala

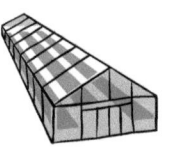

staklenik

staklenik

tlo

zemlja

sjeme

sjeme

đubrivo

gnojivo

kombajn

kombajn

kositi

žanjati

žetva

žetva

jam korijen

yams začin

pšenica

pšenica

soja

soja

krompir

krumpir

kukuruz

kukuruz

uljana repica

uljana repica

drvo voća

voćka

manioka

gomolj manioke

žito

žitarice

kuća

kuća

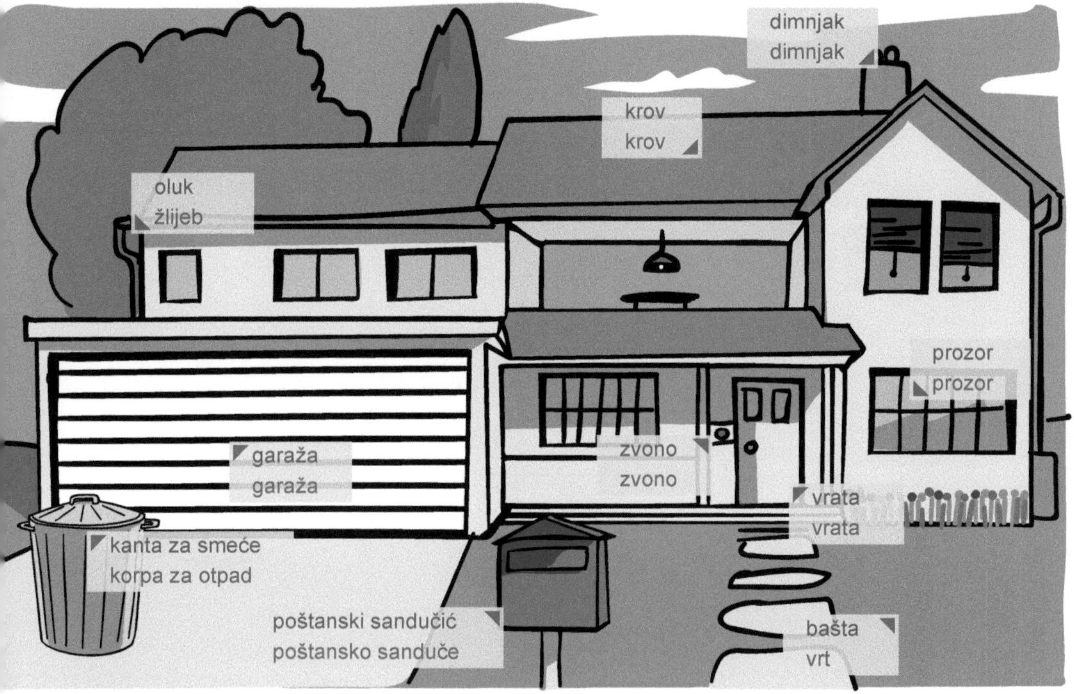
dimnjak
dimnjak
krov
krov
oluk
žlijeb
prozor
prozor
garaža
garaža
zvono
zvono
vrata
vrata
kanta za smeće
korpa za otpad
poštanski sandučić
poštansko sanduče
bašta
vrt

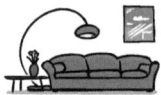

dnevni boravak

dnevna soba

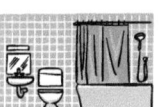

kupatilo

kupaonica

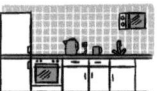

kuhinja

kuhinja

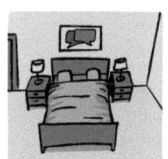

spavaća soba

spavaća soba

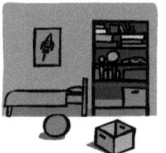

dječija soba

dječija soba

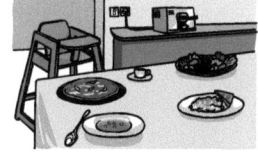

trpezarija

trpezarija

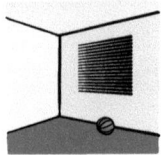	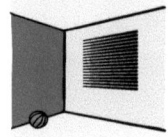	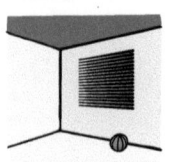
pod, tlo	zid	plafon
pod	zid	strop

podrum	sauna	balkon
podrum	sauna	balkon
	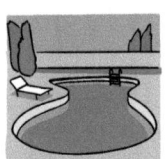	
terasa	bazen	kosilica
terasa	bazen	kosilica za travu
		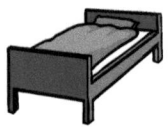
posteljina	pokrivač	krevet
posteljina za krevet	deka za krevet	krevet

metla	kanta	prekidač
metla	kanta	sklopka

kuća - kuća

dnevni boravak
dnevna soba

tapeta
tapeta
fotografija
slika
lampa
svjetiljka
polica
regal
ormar
ormar
televizija
televizija
dimnjak
kamin
cvijet
cvijet
jastuk
jastuk
kauč
kauč
vaza
vaza
daljinski upravljač
daljinski upravljač

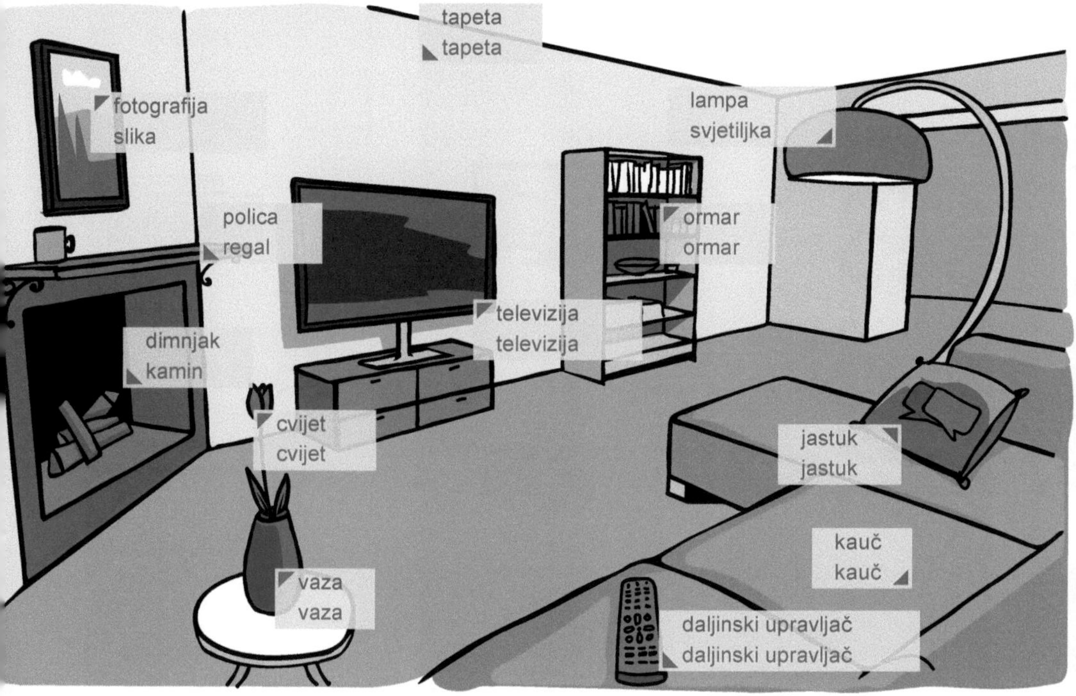

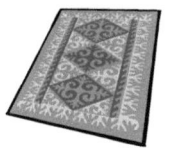

tepih
tepih

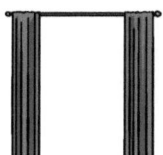

zavjesa
zavjesa

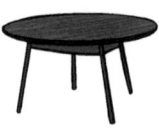

stol
stol

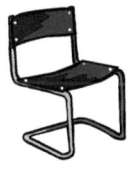

stolica
stolica

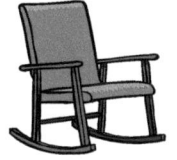

stolica za ljuljanje
stolica za njihanje

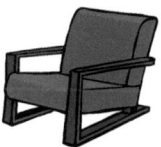

fotelja
fotelja

knjiga

knjiga

deka

deka

dekoracija

dekoracija

ložno drvo

drvo za ogrjev

film

film

stereo uređaj

stereo uređaj

ključ

ključ

novine

novine

umjetnička slika

slika na platnu

poster

poster

radio

radio

blok za bilješke

blok za pisanje

usisavač

usisavač

kaktus

kaktus

svijeća

svijeća

dnevni boravak - dnevna soba

kuhinja
kuhinja

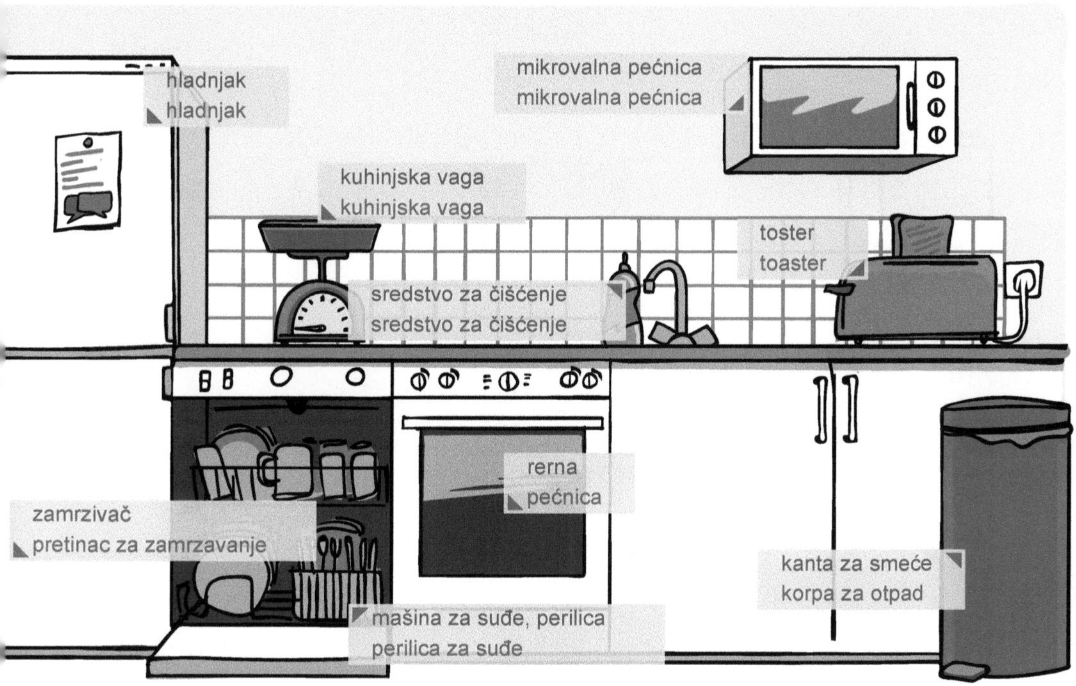
hladnjak
hladnjak
mikrovalna pećnica
mikrovalna pećnica
kuhinjska vaga
kuhinjska vaga
toster
toaster
sredstvo za čišćenje
sredstvo za čišćenje
rerna
pećnica
zamrzivač
pretinac za zamrzavanje
kanta za smeće
korpa za otpad
mašina za suđe, perilica
perilica za suđe

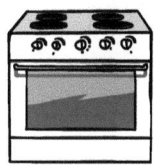

peć
....
štednjak

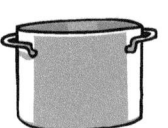

lonac
....
lonac

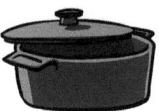

metalni lonac
....
željezni lonac

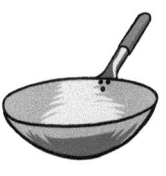

vok / kadai
....
wok / kadai

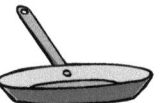

tava, tiganj
....
tava

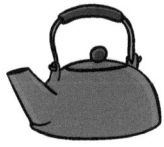

kuhalo
....
kuhalo za vodu

aparat za kuhanje na pari

kuhalo na paru

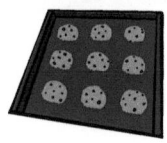

lim za pečenje

lim za pečenje

posuđe

posuđe

šalica

čaša

činija

zdjela

kineski štapići

štapići za jelo

kutlača

kutljača

lopatica

lopatica

metlica za snijeg bjelanjca

pjenjača

sito za kuhanje

sito za kuhanje

sito

sito

ribež

ribež

avan s tučkom

mužar

roštilj

roštilj

ložište

ognjište

daska

daska

oklagija

oklagija

vadičep

vadičep

konzerva

konzerva

otvarač za konzerve

otvarač konzervi

krpe za lonac

krpa za lonac

sudoper

sudoper

četka

četka

spužva

spužva

mikser

mikser

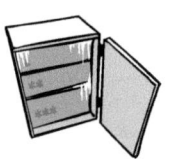

zamrzivač

zamrzivač

flašica za bebu

bočica za bebe

slavina

slavina za vodu

kupatilo
kupaonica

grijanje
grijanje
tuš
tuš
peškir
ručnik
zavjesa za tuš
zavjesa za tuš
pjenušava kupka
pjenušava kupka
kada
kada
čaša
čaša
mašina za veš
perilica za rublje
slavina
slavina za vodu
pločice
pločice
dječja kahlica
dječja kahlica
sudoper
sudoper

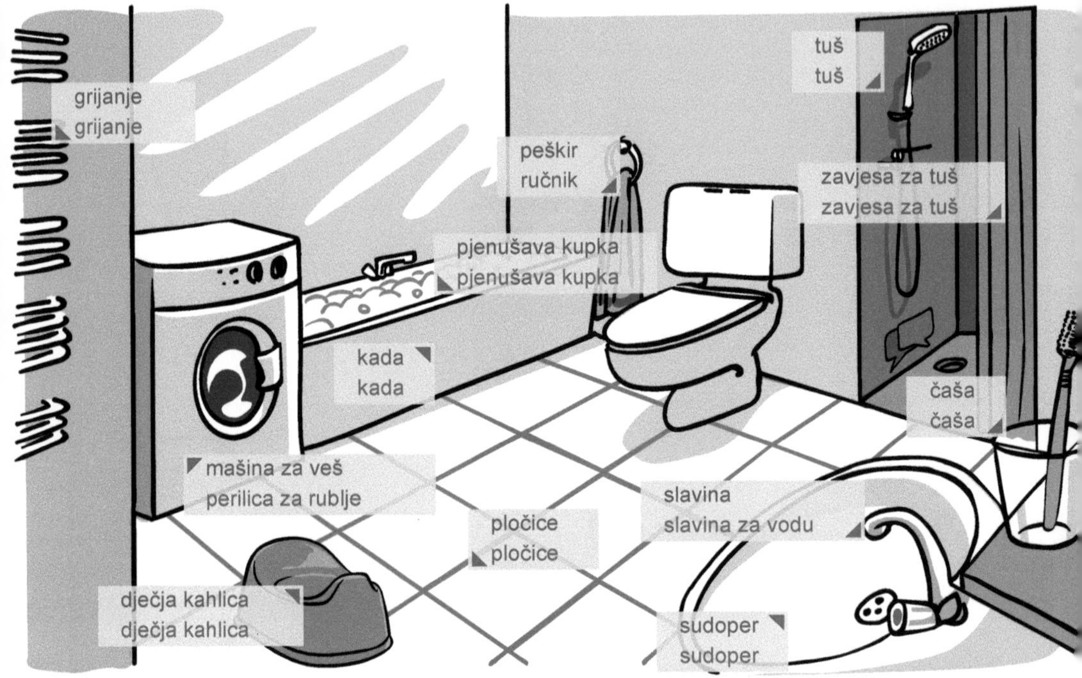

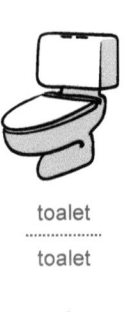

toalet

toalet

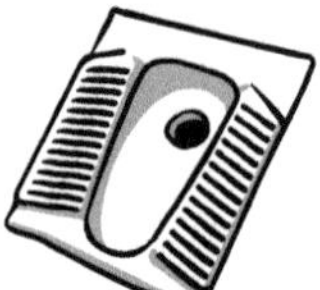

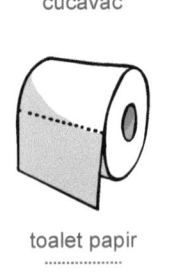

čučavac

čučavac

bide

bidet

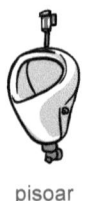

pisoar

pisoar

toalet papir

papir za toalet

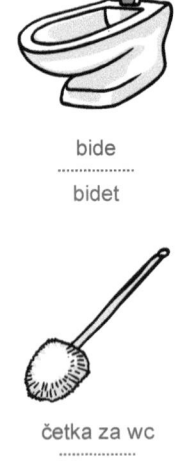

četka za wc

četka za toalet

četkica za zube

četkica za zube

pasta za zube

pasta za zube

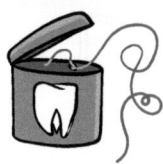

zubni konac

konac za zube

prati

prati

tuš

tuš ručica

intimni tuš

tuš za pranje intimnih dijelova

lavor

lavor

četka za leđa

četka za pranje leđa

sapun

sapun

gel za tuširanje

gel za tuširanje

šampon

šampon

krpe za pranje

krpa za pranje

odvod

odvod

krema

krema

dezodorans

dezodorans

ogledalo
ogledalo

ogledalo za šminkanje
kozmetičko ogledalo

brijač
brijač

pjena za brijanje
pjena za brijanje

vodica poslije brijanja
losion za poslije brijanja

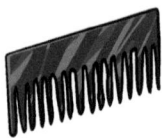

češalj
češalj

četka
četka

fen
sušilo za kosu

sprej za kosu
sprej za kosu

puder
makeup

karmin
ruž za usne

lak za nokte
lak za nokte

vata
vata

makazice za nokte
škare za nokte

parfem
parfem

kupatilo - kupaonica

kozmetička torbica
....
neseser

hoklica
....
stolica

vaga
....
vaga

kupaći ogrtač
....
ogrtač

rukavice za čišćenje
....
rukavice za čišćenje

tampon
....
tampon

uložak za dame
....
uložak

hemijski toalet
....
kemijski toalet

dječija soba

dječija soba

budilnik
budilnik
plišana igračka
plišana igračka
auto za igru
auto igračka
zvečka
zvečka
kućica za lutke
kućica za lutke
poklon
poklon

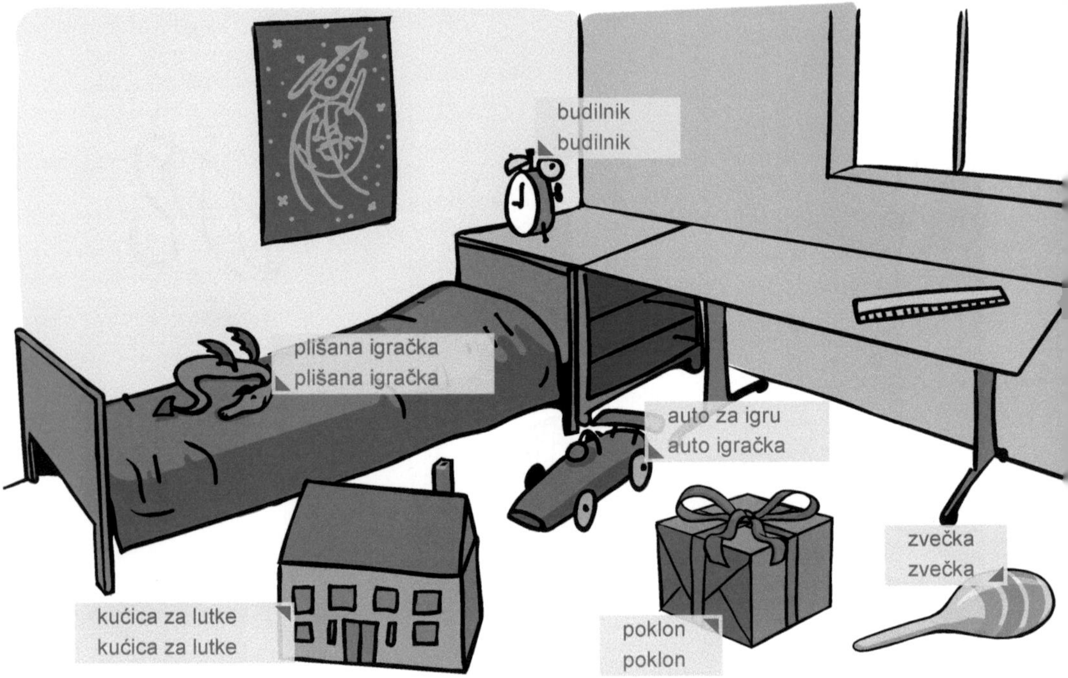

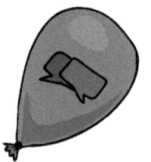

balon

balon

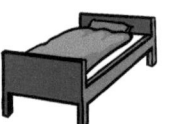

krevet

krevet

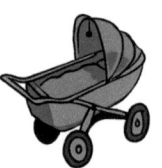

kolica za djecu

dječija kolica

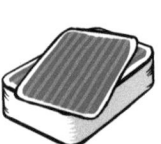

karte za igranje

igra s kartama

puzle

slagalica

SUPER
MEGA

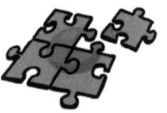

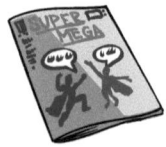

strip

strip

lego kockice

lego kockice

kockice za gradnju

kockice za slaganje

akcione figure

akcioni junak

benkica

kombinezon za bebe

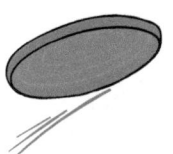

frizbi

frizbi

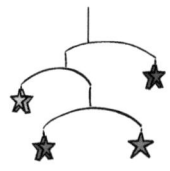

mobile

viseće igračke

igra na ploči

društvene igre

kocka

kocka

miniatura željeznice

minijaturna željeznica

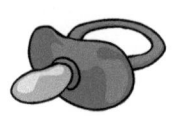

cucla

duda

zabava

tulum

slikovnica

slikovnica

lopta

lopta

lutka

lutka

igrati

igrati

pješćanik

pješčanik

ljuljačka

ljuljačka

igračke

igračka

konzola za igru

konzola za igre

triciklo

tricikl

medvjedić

plišani medo

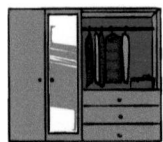

ormar

ormar

kratke čarape

kratke čarape

čarape

čarape

hulahopke

hulahopke

šal
šal

kišobran
kišobran

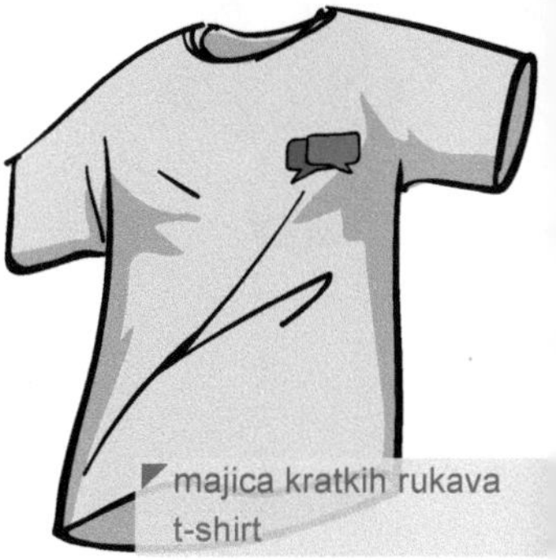

majica kratkih rukava
t-shirt

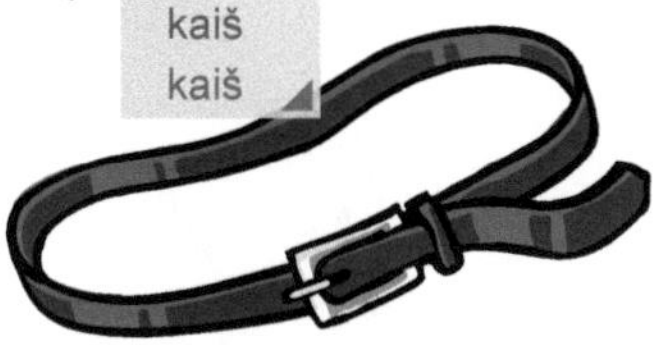

kaiš
kaiš

čizme
čizme

papuče
papuče

patike
patike

sandale
....
sandale

cipele
....
cipele

gumene čizme
....
gumene čizme

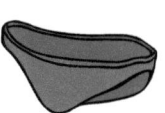

gaće
....
gaćice

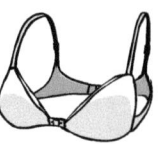

grudnjak
....
grudnjak

potkošulja
....
potkošulja

bodi
bodi

hlače
hlače

farmerke
džins

suknja
haljina

bluza
bluza

košulja
košulja

džemper
džemper

majica
pulover s kapuljačom

sako
blejzer

jakna
jakna

mantil
kaput

kišni mantil
kabanica

kostim
kostim

haljina
haljina

vjenčanica
vjenčanica

odijelo

odijelo

spavaćica

spavaćica

pidžama

pidžama

sari

sari

marama

rubac

turban

turban

burka

burka

kaftan

kaftan

abaja

abaja

kupaći kostim

kupaći kostim

kupaće gaće

kupaće gaćice

kratke hlače

kratke hlače

trenerka

odjeća za trening

pregača

pregača

rukavice

rukavice

dugme
gumb

naočare
naočale

narukvica
narukvica

ogrlica
ogrlica

prsten
prsten

naušnica
naušnica

kapa
kapa

vješalica
vješalica

šešir
šešir

kravata
kravata

patentni zatvarač
patent zatvarač

kaciga
kaciga

tregeri za hlače
naramenice

školska uniforma
školska uniforma

uniforma
uniforma

podbradak

podbradak

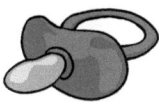

cucla

duda

pelene

pelena

ured

ured

server
server

ormar za kartoteku
ormar za spise

štampač
pisač

papir
papir

monitor
monitor

pisaći sto
pisaći stol

miš
miš

registrator
mapa

tastatura
tipkovnica

korpa za papir
košara za papir

stolica
stolica

kompjuter
računar

šolja za kafu

šalica za kavu

kalkulator

kalkulator

internet

internet

laptop
laptop

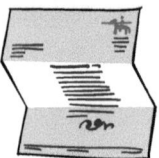

pismo
pismo

poruka
poruka

mobilni telefon
mobilni telefon

mreža
mreža

aparat za kopiranje
uređaj za kopiranje

softver
softver

telefon
telefon

utičnica
utičnica

faks
faks

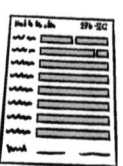

formular
obrazac

dokument
dokument

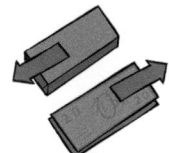

kupovati
......
kupovati

platiti
......
platiti

trgovati
......
trgovati

novac
......
novac

dolar
......
dolar

euro
......
euro

jen
......
jen

rublja
......
rubalj

franak
......
švicarski franak

renminbi jen
......
renmindbi yuan

rupi
......
rupija

bankomat
......
automat za novac

mjenjačnica

mjenjačnica

zlato

zlato

srebro

srebro

nafta

nafta

energija

energija

cijena

cijena

ugovor

ugovor

porez

porez

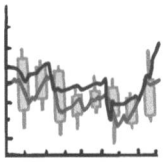

akcija

dionica

raditi

raditi

službenik

službenik

poslodavac

poslodavac

fabrika

tvornica

radnja

prodavaonica

policajac
policajac

vatrogasac
vatrogasac

kuhar
kuhar

ljekar
liječnik

pilot
pilot

baštovan

vrtlar

stolar

stolar

krojačica

krojačica

sudija

sudija

hemičar

kemičar

glumac

glumac

vozač autobusa
vozač autobusa

vozač taksija
vozač taksija

ribar
ribar

čistačica
čistačica

krovopokrivač
krovopokrivač

konobar
konobar

lovac
lovac

moler
slikar

pekar
pekar

električar
električar

građevinski radnik
građevinski radnik

inženjer
inženjer

koljač
mesar

limar, vodoinstalater
limar

poštar
poštar

vojnik
vojnik

arhitekta
arhitekta

blagajnik
blagajnik

cvjećar
cvjećar

frizer
frizer

kontrolor
kondukter

mehaničar
mehaničar

kapiten
kapetan

zubar
zubar

naučnik
znanstvenik

rabin
rabi

imam
imam

monah
monah

sveštenik
svećenik

alat
alati

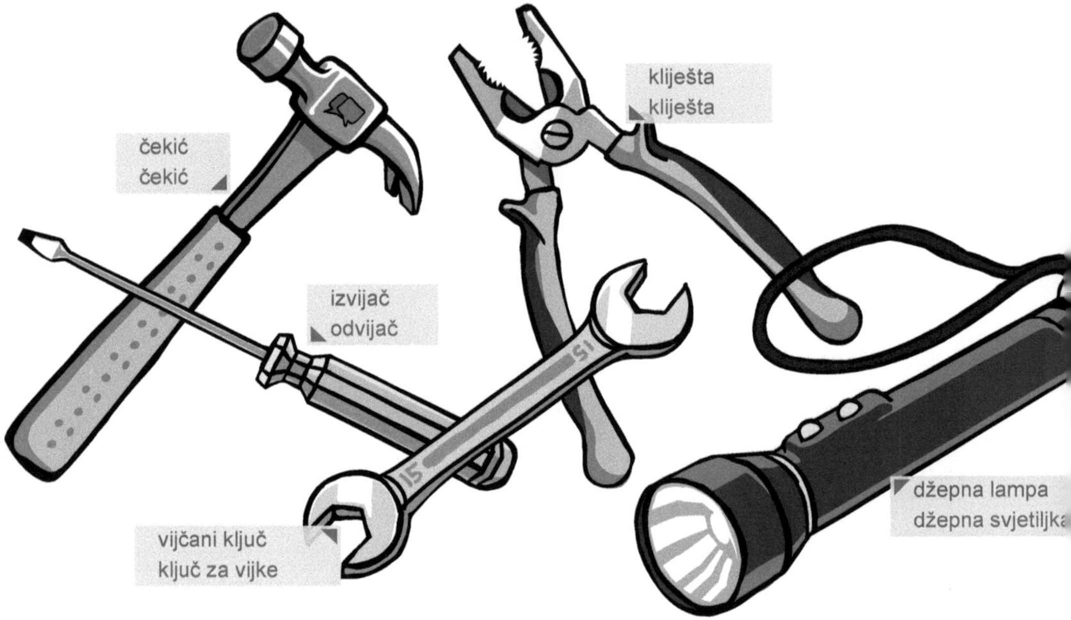

čekić
čekić
kliješta
kliješta
izvijač
odvijač
vijčani ključ
ključ za vijke
džepna lampa
džepna svjetiljk

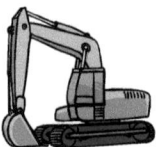

bager

rovokopač

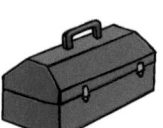

kutija sa alatom

kutija za alat

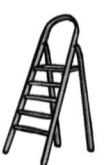

ljestve

ljestve

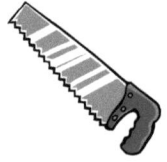

testera, pila

pila

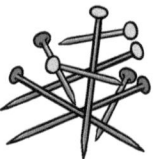

ekser

ekser

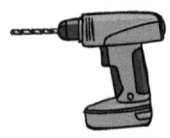

bušilica

bušilica

popraviti
....
popraviti

lopata
....
lopata

sranje!
....
Sranje!

lopatica
....
lopatica

kanta boje
....
lonac za boju

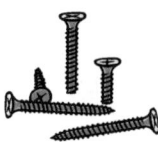

vijak
....
vijci

muziˇcki instrumenti
glazbeni instrument

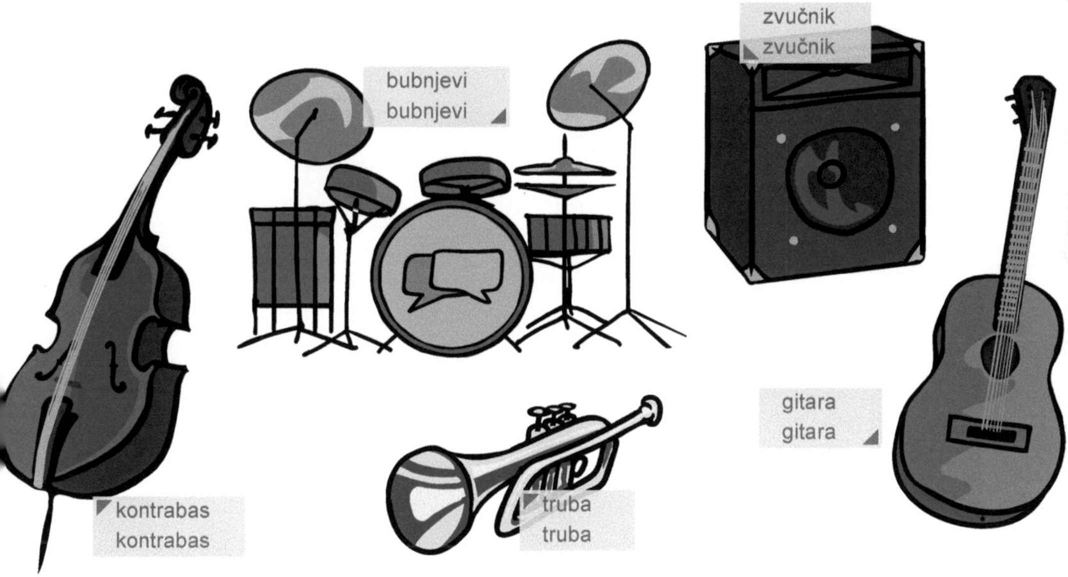

bubnjevi
bubnjevi

zvučnik
zvučnik

gitara
gitara

kontrabas
kontrabas

truba
truba

klavir
klavir

violina
violina

bas
bas

bubanj timpani
timpani

bubanj
udaraljke za bubnjeve

sintisajzer
keyboard

saksofon
saksofon

flauta
flauta

mikrofon
mikrofon

zološki vrt

zoološki vrt

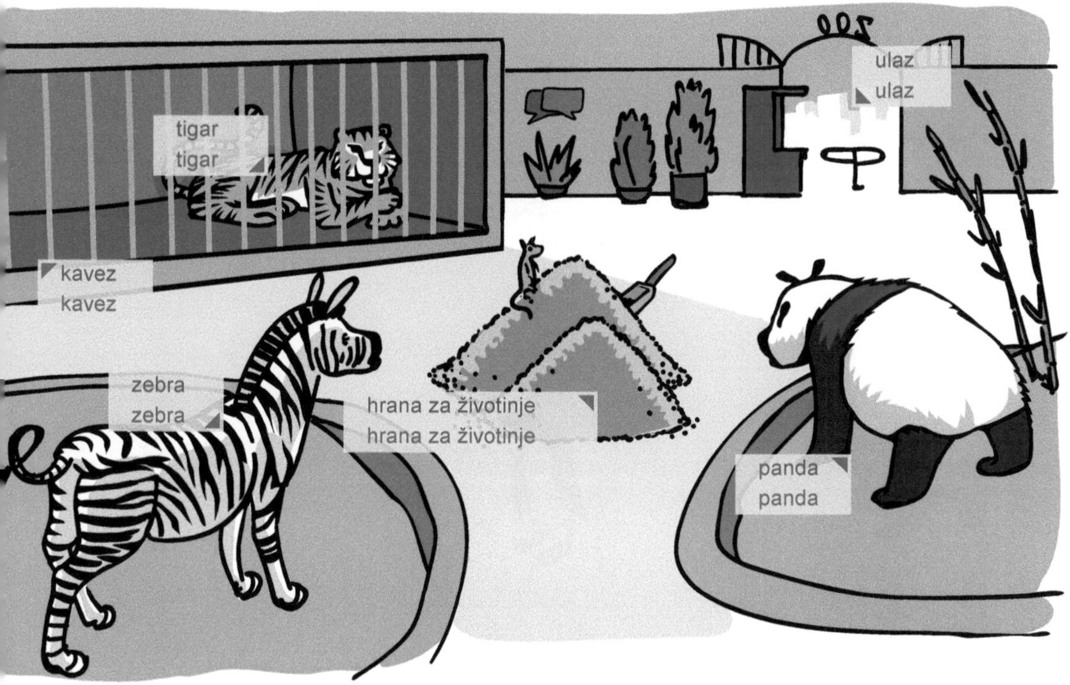
tigar
tigar
ulaz
ulaz
kavez
kavez
zebra
zebra
hrana za životinje
hrana za životinje
panda
panda

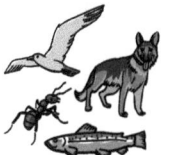

životinje
životinje

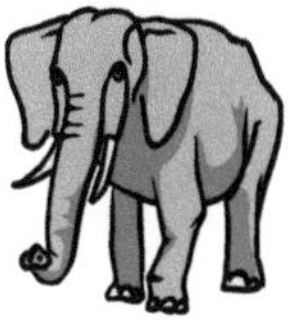

slon
slon

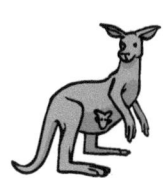

kengur
kengur

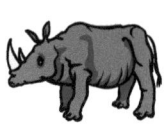

nosorog
nosorog

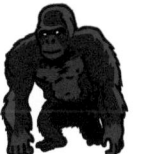

gorila
gorila

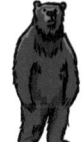

medvjed
medvjed

kamila

kamila

noj

noj

lav

lav

majmun

majmun

flamingo

flamingo

papagaj

papagaj

polarni medvjed

polarni medvjed

pingvin

pingvin

morski pas

ajkula

paun

paun

zmija

zmija

krokodil

krokodil

čuvar u zološkom vrtu

čuvar u zoološkom vrtu

tuljan

tuljan

jaguar

jaguar

poni

poni

leopard

leopard

nilski konj

nilski konj

žirafa

žirafa

orao

orao

divlja svinja

divlja svinja

riba

riba

kornjača

kornjača

morž

morž

lisica

lisica

gazela

gazela

američki fudbal
američki nogomet

vožnja bicikla
biciklizam

tenis
tenis

košarka
košarka

plivanje
plivanje

boks
boks

hokej na ledu
hockey na ledu

| fudbal | bedminton | laka atletika |
| nogomet | badminton | atletika |

| rukomet | skijanje | polo |
| rukomet | skijanje | polo |

aktivnosti

aktivnosti

skakati
skočiti
zagrliti
zagrliti
smijati se
smijati se
ići
ići
pjevati
pjevati
sanjati
sanjati
moliti
moliti se
ljubiti
poljubiti

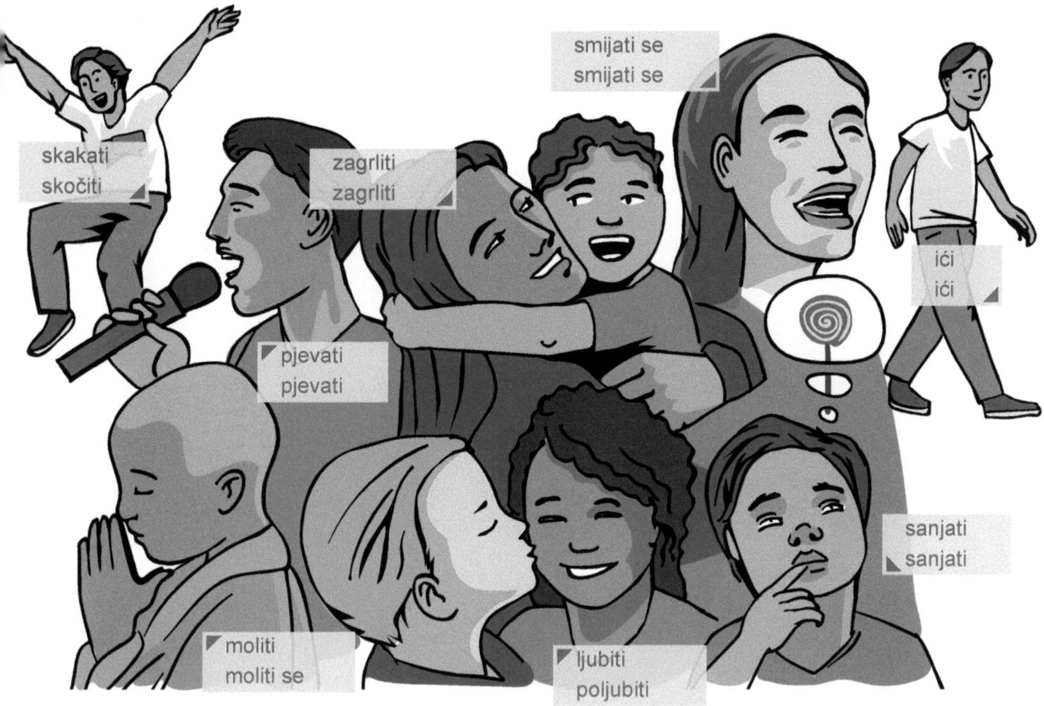

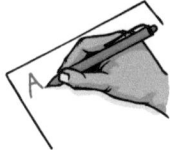

pisati

pisati

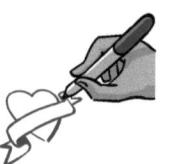

crtati

crtati

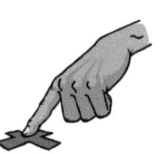

pokazati

pokazati

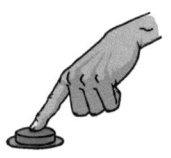

gurati

gurati

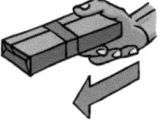

dati

dati

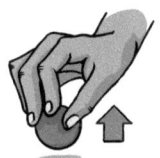

uzeti

uzeti

imati
imati

raditi
činiti

biti
biti

stajati
stojati

trčati
trčati

vući
povlačiti

baciti
baciti

pasti
padati

ležati
ležati

čekati
čekati

nositi
nositi

sjediti
sjediti

obući
oblačiti

spavati
spavati

probuditi
probuditi se

pogledati

gledati

plakati

plakati

milovati

milovati

češljati

češljati

govoriti

govoriti

razumjeti

razumjeti

pitati

pitati

slušati

slušati

piti

piti

jesti

jesti

pospremiti

pospremiti

voljeti

voljeti

kuhati

kuhati

voziti

voziti

letjeti

letjeti

jedriti
- - - - - - - - - - - -
ploviti

računati
- - - - - - - - - - - -
računati

čitati
- - - - - - - - - - - -
čitati

učiti
- - - - - - - - - - - -
učiti

raditi
- - - - - - - - - - - -
raditi

vjenčavti
- - - - - - - - - - - -
vjenčati se

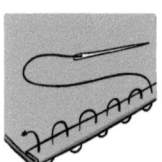

šiti
- - - - - - - - - - - -
šiti

prati zube
- - - - - - - - - - - -
prati zube

ubiti
- - - - - - - - - - - -
ubiti

pušiti
- - - - - - - - - - - -
pušiti

slati
- - - - - - - - - - - -
poslati

aktivnosti - aktivnosti

baka
baka

djed
djed

otac
otac

beba
beba

majka
majka

kćerka
kćerka

sin
sin

gost
gost

ujna, tetka, strina
tetka

ujak, tetak, stric
ujak, stric

brat
brat

sestra
sestra

tijelo

tijelo

čelo
čelo
oko
oko
leđa
rame
prst
prst
lice
lice
brada
brada
ruka, šaka
ruka
grudi
grudi
noga
noga
ruka
ruka

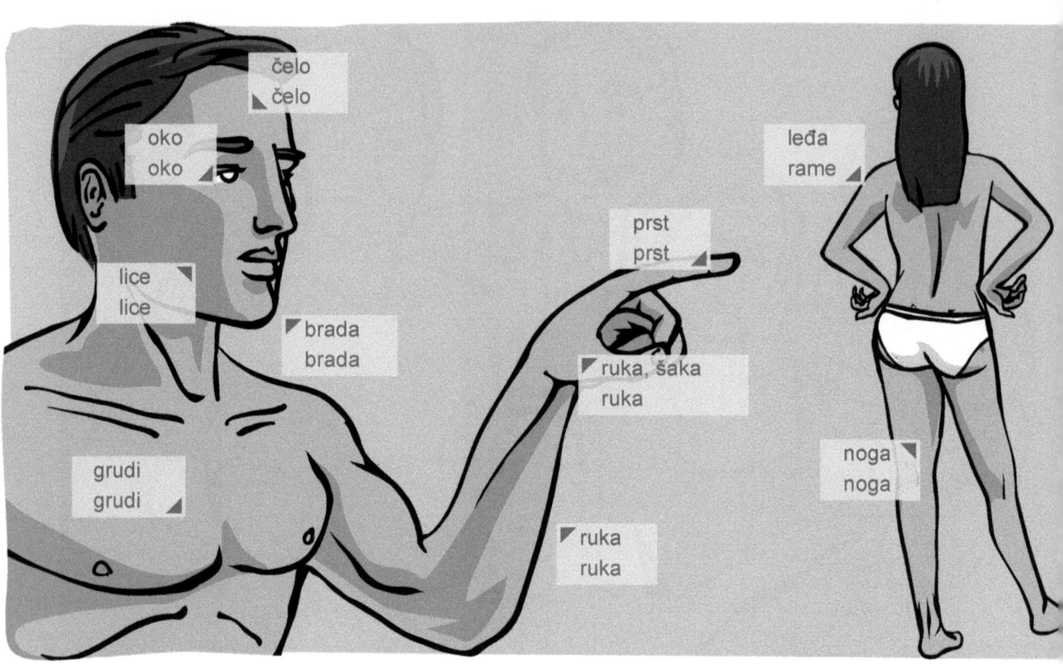

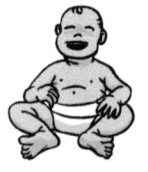

beba

beba

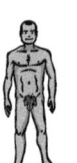

muškarac

muškarac

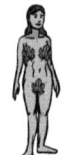

žena

žena

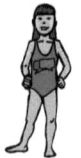

djevojčica

djevojčica

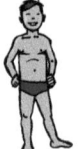

dječak

dječak

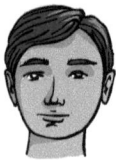

glava

glava

leđa
leđa

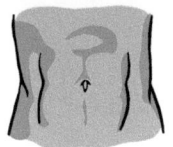

stomak
trbuh

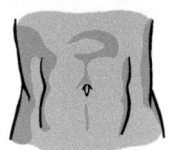

pupak
pupak

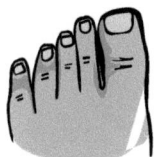

nožni prst
nožni prst

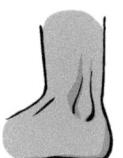

peta
peta

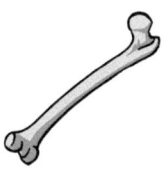

kosti
kost

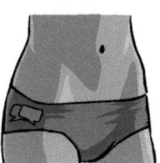

kuk
kuk

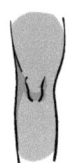

koljeno
koljeno

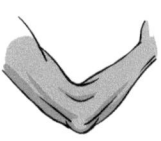

lakat
lakat

nos
nos

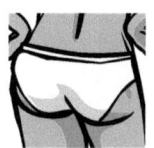

stražnjica
stražnjica

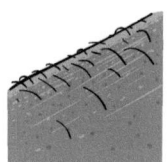

koža
koža

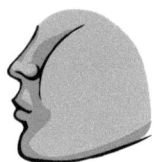

obraz
obraz

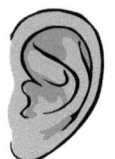

uho
uho

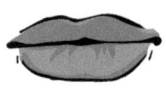

usna
usna

usta
....
usta

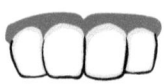

zub
....
zub

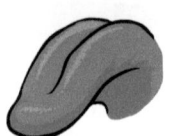

jezik
....
jezik

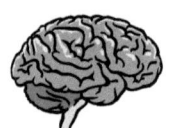

mozak
....
mozak

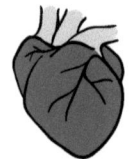

srce
....
srce

mišić
....
mišić

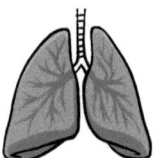

pluća
....
pluća

jetra
....
jetra

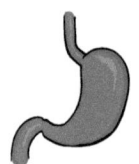

želudac
....
želudac

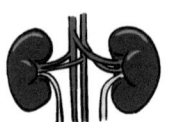

bubreg
....
bubrezi

spolni odnos
....
snošaj

kondom
....
kondom

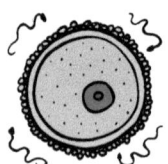

jajna ćelija
....
jajna stanica

sperma
....
sperma

trudnoća
....
trudnoća

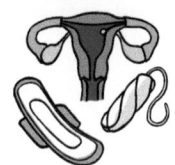

menstruacija
menstruacija

vagina
vagina

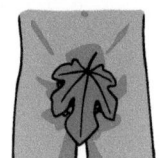

penis
penis

obrva
obrva

kosa
kosa

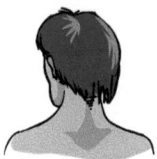

vrat
vrat

bolnica
bolnica

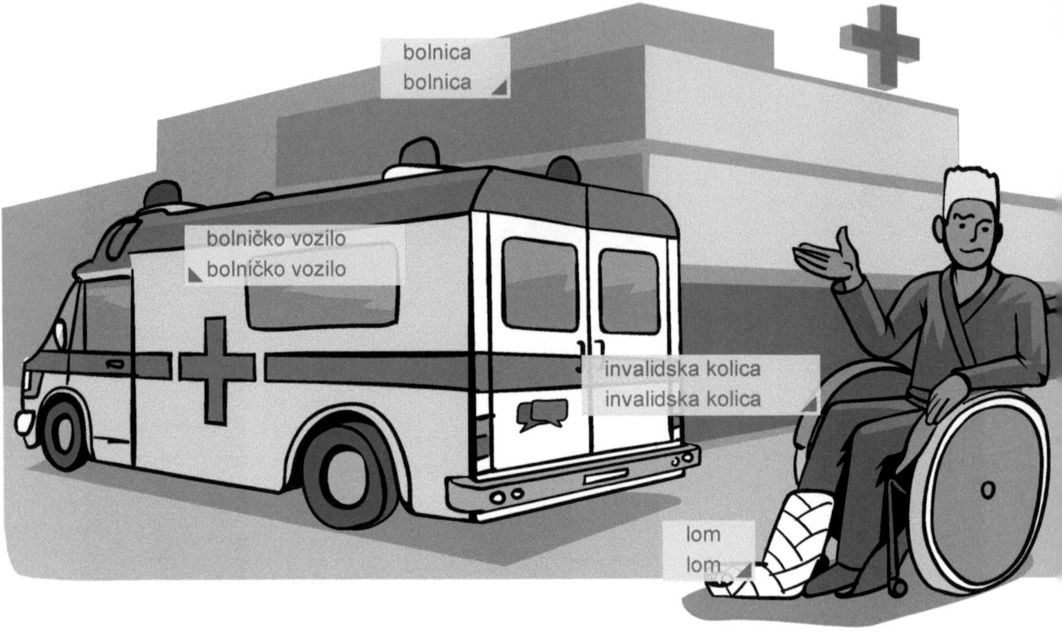

bolnica
bolnica
bolničko vozilo
bolníčko vozilo
invalidska kolica
invalidska kolica
lom
lom

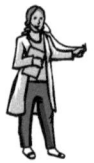

ljekar

liječnik

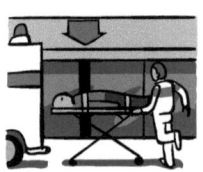

hitna služba

hitna medicinska služba

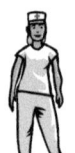

medicinska sestra

medicinska sestra

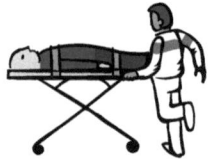

hitna pomoć

hitni slučaj

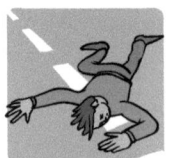

nesvjest

nesvijest

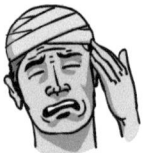

bol

bol

povreda

ozljeda

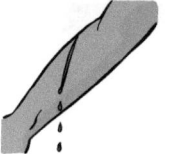

krvarenje

krvarenje

srčani udar, infarkt

srćani infarkt

moždani udar

moždani udar

alergija

alergija

kašalj

kašalj

groznica

groznica

gripa

gripa

proljev

proljev

glavobolja

glavobolja

rak

rak

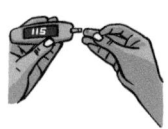

dijabetes

dijabetes

hirurg

kirurg

skalpel

skalpel

operacija

operacija

CT
ct

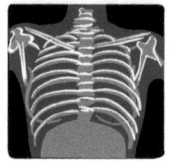

rendgen
rentgen

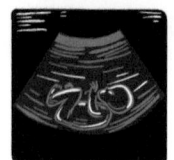

ultrazvuk
ultrazvuk

maska
maska

bolest
bolest

čekaonica
čekaonica

štake
štaka

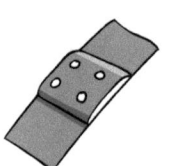

flaster
flaster

zavoj
zavoj

injekcija
injekcija

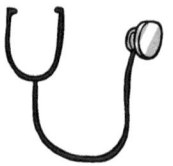

stetoskop
stetoskop

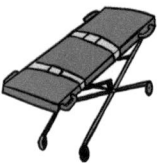

nosilo
nosilo

termometar
termometar

porod
rođenje

prekomjerna težina, debljina
prekomjerna težina

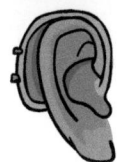

slušni aparat
slušni aparat

sredstvo za dezinfekciju
sredstvo za dezinfekciju

infekcija
infekcija

virus
virus

HIV/ AIDS
hiv / sida

medicina
medicina

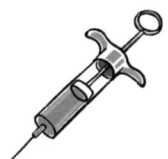

vakcinacija
vakcinacija

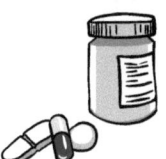

tablete
tablete

pilula
pilula

hitni poziv
poziv u pomoć

aparat za mjerenje pritiska
uređaj za mjerenje tlaka

bolestan / zdrav
bolesno / zdravo

Upomoć!

pomoć!

alarm

alarm

napad, prepad

nasrtaj

napad

napad

opasnost

opasnost

izlaz u slučaju opasnosti

izlaz za nuždu

Požar!

požar!

vatrogasni aparat

vatrogasni aparat

nezgoda

nezgoda

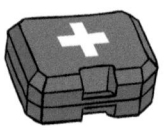

torba prve pomoći

kofer prve pomoći

SOS

sos

policija

policija

Europa

Europa

Sjeverna Amerika

sjeverna amerika

Južna Amerika

južna amerika

Afrika

Afrika

Azija

Azija

Australija

Australija

Atlantik

Atlantik

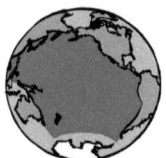

Pacifik

Pacifik

Indijski okean

ocean

Antarktički okean

antarktički ocean

Arktički okean

arktički ocean

Sjeverni pol

sjeverni pol

Južni pol

južni pol

Antarktik

Antarktik

Zemlja

zemlja

zemlja

zemlja

more

more

ostrvo

otok

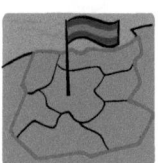

nacija

nacija

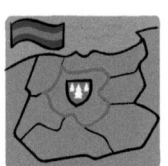

država

država

brojčanik sata
brojčanik sata

kazaljka sata
satna kazaljka

kazaljka minute
minutna kazaljka

kazaljka sekunde
sekundna kazaljka

Koliko je sati?
Koliko je sati?

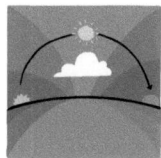

dan
dan

vrijeme
vrijeme

sada
sada

digitalni sat
digitalni sat

minuta
minuta

sat
sat

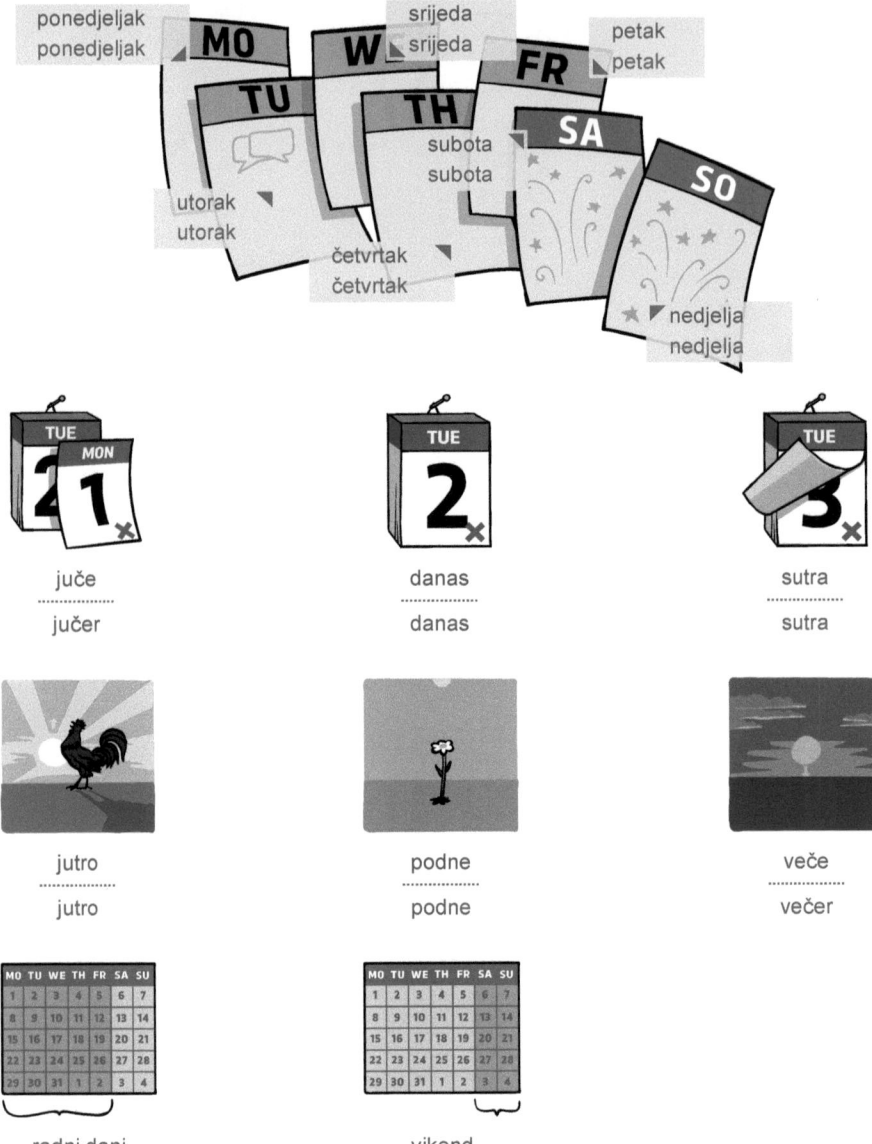

ponedjeljak
ponedjeljak

MO

W srijeda
srijeda

petak
petak

FR

TU

TH

utorak
utorak

subota
subota

SA

četvrtak
četvrtak

SO

nedjelja
nedjelja

juče
juček

danas
danas

sutra
sutra

jutro
jutro

podne
podne

veče
večer

radni dani
radni dani

vikend
vikend

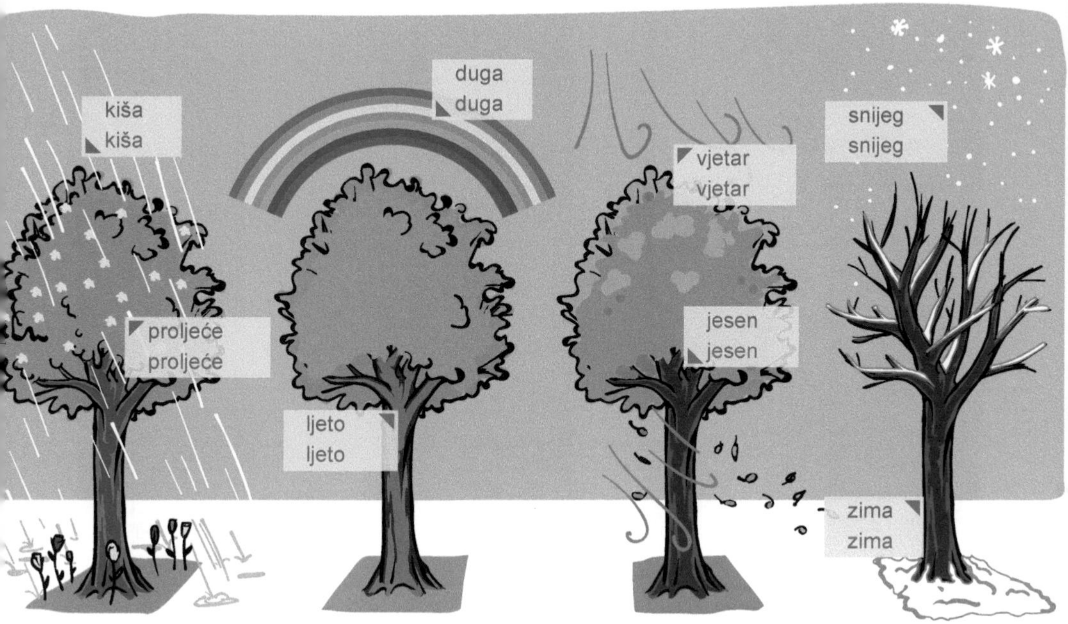

kiša
kiša
duga
duga
vjetar
vjetar
snijeg
snijeg
proljeće
proljeće
jesen
jesen
ljeto
ljeto
zima
zima

4.APRIL 11°
5.APRIL 4°
6.APRIL 13°
7.APRIL 8°
8.APRIL 10°

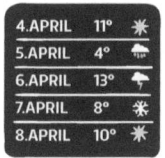

prognoza vremena

meteorološka prognoza

F
C
120
90
60
30
0
-30
40
30
20
10
0
-10
-20

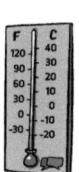

termometar

termometar

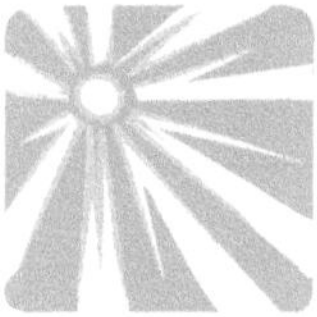

sunčev sjaj

sunčana svjetlost

oblak

oblak

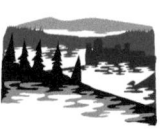

magla

magla

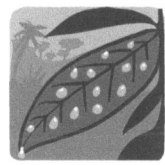

vlažnost vazduha

vlažnost zraka

munja
munja

grom
grmljavina

oluja
oluja

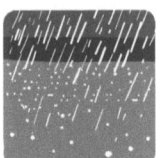

tuča, led
tuča

monsun
monsun

poplava
poplava

led
led

januar
siječanj

februar
veljača

mart
ožujak

april
travanj

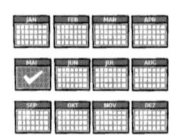

maj
svibanj

juni
lipanj

juli
srpanj

avgust
kolovoz

godina - godina

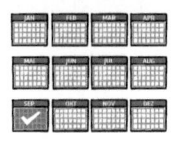

septembar
....
rujan

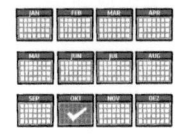

oktobar
....
listopad

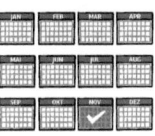

novembar
....
studeni

decembar
....
prosinac

krug
....
krug

kvadrat
....
kvadrat

pravougao
....
pravokutnik

trougao
....
trokut

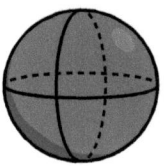

kugla
....
kugla

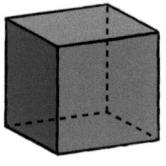

kocka
....
kocka

bjel
....
bijela

žut
....
žuta

narandžast
....
narančasta

pink
....
ružičasta

crven
....
crvena

ljubičast
....
ljubičasta

plav
....
plava

zelen
....
zelena

smeđ
....
smeđa

siv
....
siva

crn
....
crna

malo / mnogo

mnogo / malo

ljutit / miran

ljutito / mirno

lijep / ružan

lijepo / ružno

početak / kraj

početak / kraj

veliki / mali

veliko / maleno

svijetlo / tamno

svijetlo / tamno

brat / sestra

brat / sestra

čist / prljav

čisto / prljavo

potpun / nepotpun

potpuno / nepotpuno

dan / noć

dan / noć

mrtav / živ

mrtvo / živo

široko / usko

široko / usko

ukusno / neukusno

jestivo / nejestivo

zao / prijatan

zlo / dobro

uzbuđen / dosadan

uzbuđeno / dosadno

debeo / mršav

debelo / mršavo

najprije / najkasnije

na početku / na kraju

prijatelj / neprijatelj

prijatelj / neprijatelj

pun / prazan

puno / prazno

trvd / mekan

tvrdo / mekano

težak / lagan

teško / lagano

glad / žeđ

glad / žeđ

bolestan / zdrav

bolesno / zdravo

ilegalan / legalan

ilegalno / legalno

inteligentan / glup

pametno / glupo

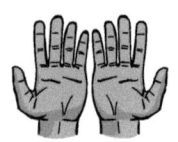

lijevo / desno

lijevo / desno

blizu / daleko

blizu / daleko

suprotnosti - suprotnosti

nov / polovan

novo / rabljeno

ništa / nešto

ništa / nešto

star / mlad

staro / mlado

uključeno / isključeno

uključeno / isključeno

otvoreno / zatvoreno

otvoreno / zatvoreno

tiho / glasno

tiho / glasno

bogat / siromašan

bogato / siromašno

tačno / pogrešno

točno / pogrešno

hrapav / glatak

hrapavo / glatko

tužan / srećan

tužno / sretno

kratak / dug

kratko / dugo

spor / brz

polako / brzo

mokro / suho

mokro / suho

toplo / hladno

toplo / hladno

rat / mir

rat / mir

0	**1**	**2**
nula	jedan	dva
nula	jedan	dva

3	**4**	**5**
tri	četiri	pet
tri	četiri	pet

6	**7**	**8**
šest	sedam	osam
šest	sedam	osam

9	**10**	**11**
devet	deset	jedanaest
devet	deset	jedanaest

12

dvanaest
dvanaest

13

trinaest
trinaest

14

četrnaest
četrnaest

15

petnaest
petnaest

16

šesnaest
šestnaest

17

sedamnaest
sedamnaest

18

osamnaest
osamnaest

19

devetnaest
devetnaest

20

dvadeset
dvadeset

100

sto
stotinu

1.000

hiljada
tisuću

1.000.000

milion
milijun

jezici

engleski

engleski

američki engleski

američko engleski

kinesko mandarinski

kinesko mandarinski

hindi

hindi

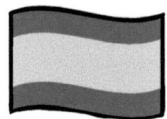

španski

španjolski

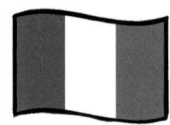

francuski

francuski

arapski

arapski

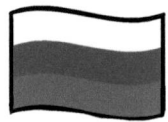

ruski

ruski

portugalski

portugalski

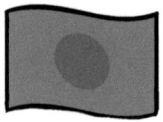

bengalski

bengalski

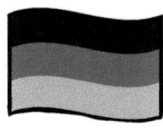

njemački

njemački

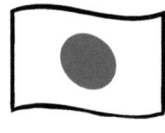

japanski

japanski

ja
ja

ti
ti

on / ona / ono
on / ona / ono

mi
mi

vi
vi

oni
oni

ko?
tko?

šta?
što?

kako?
kako?

gdje?
gdje?

kada?
kada?

ime
ime

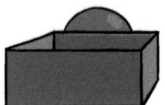

iza
iza

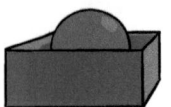

u
u

pred
ispred

iznad
preko

na
na

ispod
ispod

pored
pored

između
između

mjesto
mjesto